Impressum
Verlag: BABADADA GmbH, Nedderfeld 112 , 22529 Hamburg
Geschäftsführer / Verlagsleitung: Harald Hof
Druck: Books on Demand GmbH, In de Tarpen 42, 22848 Norderstedt

Imprint
Publisher: BABADADA GmbH, Nedderfeld 112 , 22529 Hamburg, Germany
Managing Director / Publishing direction: Harald Hof
Print: Books on Demand GmbH, In de Tarpen 42, 22848 Norderstedt, Germany

AF194659

سکول

школа

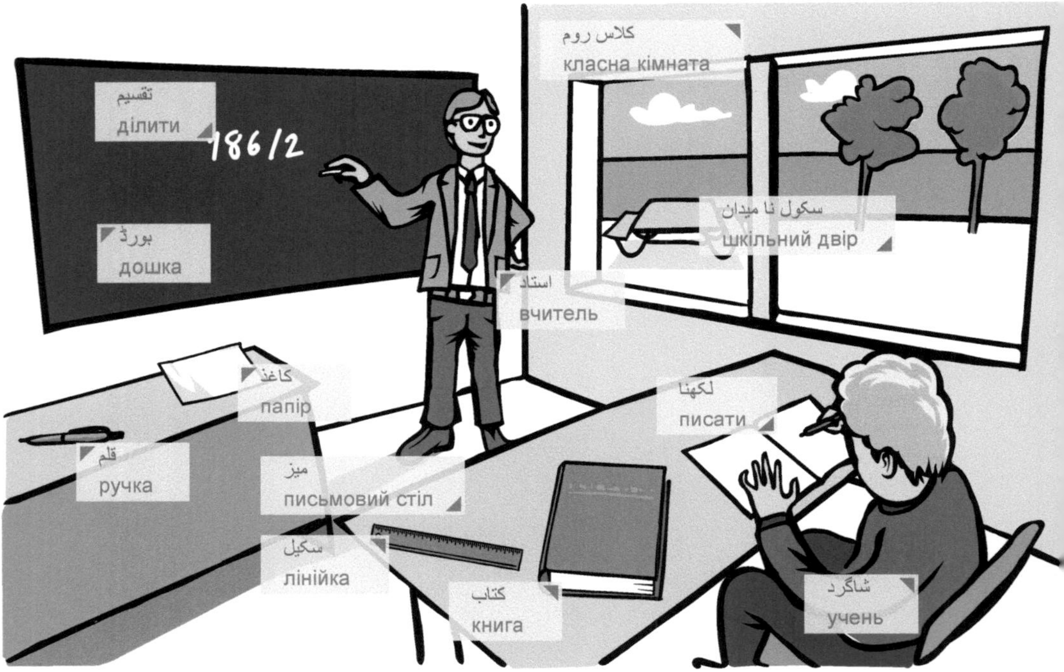

کلاس روم
класна кімната
تقسیم
ділити
186/2
سکول نا میدان
шкільний двір
بورڈ
дошка
استاد
вчитель
کاغذ
папір
لکھنا
писати
قلم
ручка
میز
письмовий стіл
سکیل
лінійка
کتاب
книга
شاگرد
учень

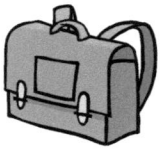

جزدان

ранець

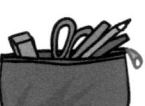

پینسل دا ڈبہ

пенал

پینسل

олівець

پینسل شارپنر

точило

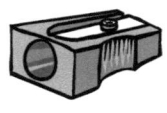

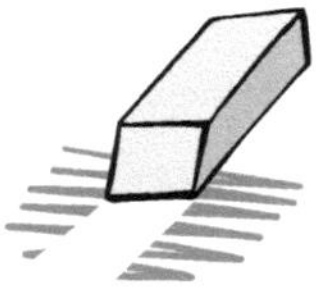

ربر

гумка

ڈرائنگ پیڈ

альбом для малювання

ڈراننگ

малюнок

پینٹ برش

пензель

پینٹ باکس

коробка фарб

قینچی

ножиці

گلو

клей

مشقی کتاب

зошит

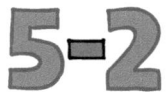

گهر ادا کم

домашнє завдання

عدد

число

2+2

جمع

додавати

5-2

تفریق

віднімати

2×2

برج

множити

کیلکولیٹ

рахувати

A

خطره

літера

ABCDEFG
HIJKLMN
OPQRSTU
VWXYZ

حروف تہجی

абетка

لفظ

слово

متن

текст

پڑھنا

читати

چاک

крейда

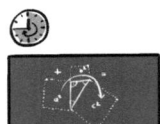

سبق

година

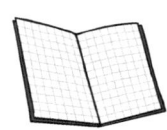

رجسٹر

класний журнал

امتحان

екзамен

سند

диплом

سکول نی وردی

шкільна форма

تعلیم

освіта

انسائیکلوپیڈیا

лексикон

یونیورسٹی

університет

مائیکرو سکوپ

мікроскоп

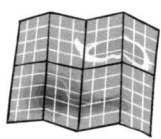

نقشہ

карта

کچرے نا ڈبہ

кошик для паперу

подорож

بوٹل
готель

باسٹل
турбаза

ایکسچینج دفتر
обмінний пункт

سوٹ کیس
валіза

کار
автомобіль

بولی
мова

باں /نہیں
так / ні

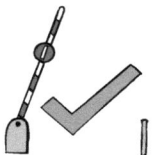

ٹھیک ہے
добре

اسلام و علیکم
привіт

ترجمان
перекладач

شکریہ
дякую

ایہہ کنے نے ؟

Скільки коштує ...?

می سمجھ نئیں رلی

Я не розумію

مسئلہ

проблема

اسلام و علیکم

Добрий вечір!

اسلام و علیکم

Доброго ранку!

اللہ حافظ

На добраніч!

اللہ نے حوالے

До побачення

سمت

напрямок

سامان

багаж

بیگ

сумка

بیک پیک

рюкзак

مہمان

гість

کمرہ

кімната

سلیپنگ بیگ

спальний мішок

خیمہ

намет

سياح لئى معلومات
....
туристична інформація

ساحل سمندر
....
пляж

کریڈٹ کارڈ
....
кредитна картка

ناشتہ
....
сніданок

دوپہر نا کھانا
....
обід

رات نا کھانا
....
вечеря

ٹکٹ
....
квиток

لفٹ
....
ліфт

مہر
....
поштова марка

بارڈر
....
межа

کسٹمز
....
митниця

ایمبیسی
....
посольство

ویزا
....
віза

پاسپورٹ
....
паспорт

ٹرانسپورٹ

транспорт

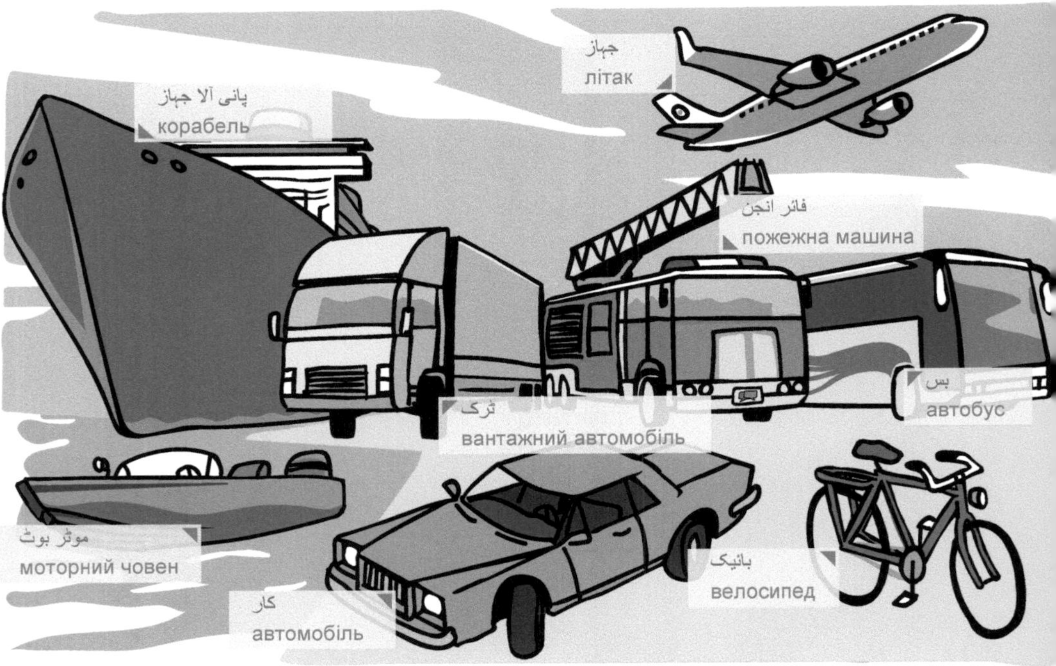

جہاز
літак
پانی آلا جہاز
корабель
فائر انجن
пожежна машина
بس
автобус
ٹرک
вантажний автомобіль
موٹر بوٹ
моторний човен
بائیک
велосипед
کار
автомобіль

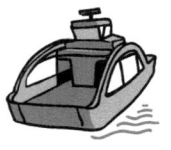

فیری

пором

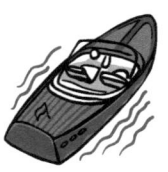

کشتی

човен

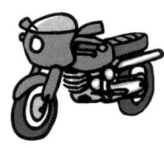

موٹر بائیک

мотоцикл

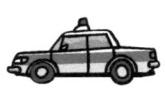

پولیس کار

поліцейська машина

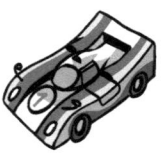

ریسنگ کار

гоночний автомобіль

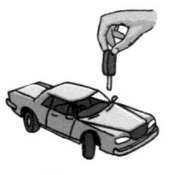

کرایہ نی گڈّی

автомобіль на прокат

کار شیئرنگ

спільне користування авто

بریک ڈاؤن ٹرک

евакуатор

ریفیوز ٹرک

сміттєвоз

موٹر

двигун

فیول

паливо

پٹرول سٹیشن

автозаправна станція

ٹریفک سائن

дорожній знак

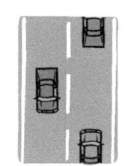

ٹریفک

рух

ٹریفک جام

затор

کار پارک

стоянка

ریل سٹیشن

вокзал

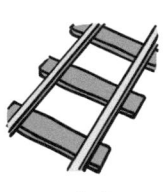

ٹریکس

рейки

ریل

потяг

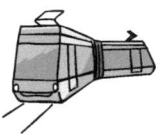

ٹرام

трамвай

کیرج

вагон

بیلی کاپٹر

گелікоптер

ائر پورٹ

аеропорт

مینار

вежа

مسافر

пасажир

کنٹینر

контейнер

کاٹن

коробка

چھکڑا

візок

بالٹی

кошик

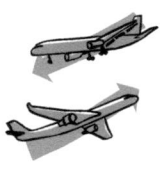

اڑنا / لہنا

стартувати / приземлятися

МІСТО

پنڈ

село

سٹی سینٹر

центр міста

گھر

дім

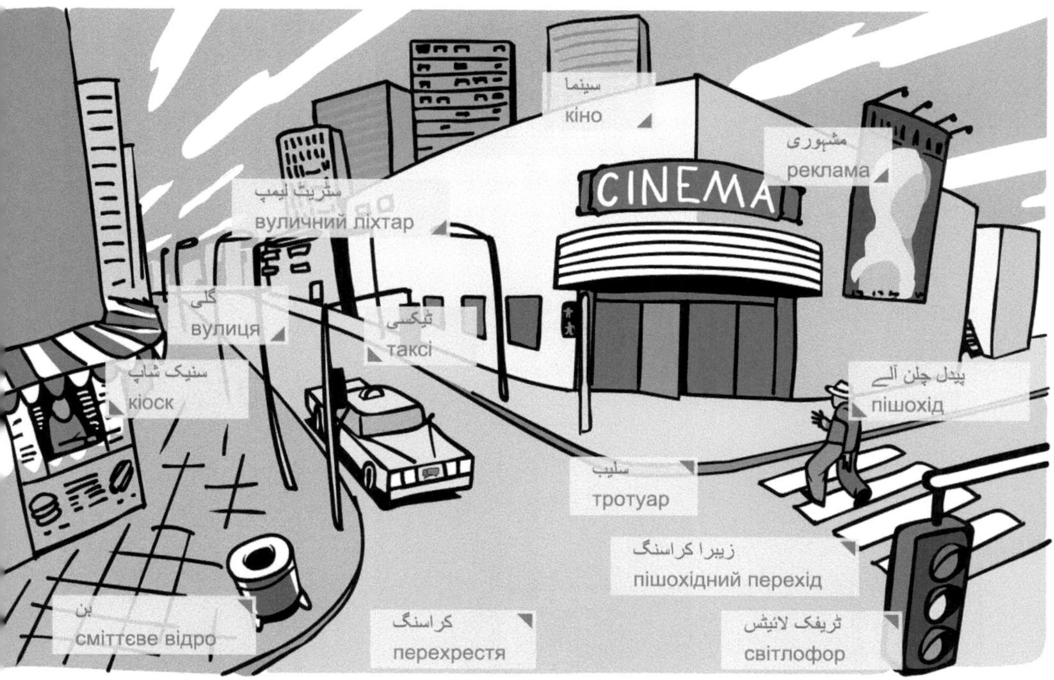

CINEMA

سینما
кіно

مشہوری
реклама

سٹریٹ لیمپ
вуличний ліхтар

گلی
вулиця

ٹیکسی
таксі

سنیک شاپ
кіоск

پیدل چلن آلے
пішохід

سلیب
тротуар

زیبرا کراسنگ
пішохідний перехід

بن
сміттєве відро

کراسنگ
перехрестя

ٹریفک لائٹش
світлофор

بٹ

хатина

فلیٹ

квартира

ریل سٹیشن

вокзал

ٹاؤن بال

ратуша

میوزنیم

музей

سکول

школа

یونیورسٹی

університет

بینک

банк

ہسپتال

лікарня

ہوٹل

готель

فارمیسی

аптека

دفتر

офіс

کتب خانہ

книжковий магазин

ہٹی

магазин

پھلاں الے

квітковий магазин

سپر مارکیٹ

супермаркет

بازار

ринок

ڈیپارٹمنٹ سٹور

універмаг

مچھیرے

торговець рибою

شاپنگ سینٹر

торговельний центр

بندرگاہ

гавань

پارک

парк

بنچ

лава

پل

міст

سیڑھیاں

сходи

انڈر گراؤنڈ

метро

ٹنل

тунель

بس سٹاپ

автобусна зупинка

بار

бар

ریسٹورنٹ

ресторан

پوسٹ بکس

поштова скринька

سٹریٹ سائن

вулична табличка

پارکنگ میٹر

лічильник паркування

چڑیا گھر

зоопарк

سونمنگ پول

басейн

مسجد

мечеть

فارم

ферма

آلودگی

забруднення навколишнього середовища

قبرستان

кладовище

چرچ

церква

پلے گراؤنڈ

дитячий майданчик

مندر

храм

منظر

ландшафт

پتہ
листок

سائن پوسٹ
вказівний стовп

راہ
шлях

سر سبز میدان
луг

پتھر
камінь

درخت
дерево

بانگر
мандрівник

دریا
річка

کاہ
трава

پھل
квітка

وادی

долина

پہاڑی

гора

نہر

озеро

جنگل

ліс

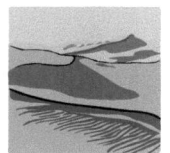

صحرا

пустеля

آتش فشاں

вулкан

قلعہ

замок

رین بو

веселка

کھمبی

гриб

پام ٹری

пальма

مچھر

комар

مکھی

муха

چیونٹا

мурашка

مکھی

бджола

مکڑی

павук

بهونرا

жук

مینڈک

жаба

گلہری

вивірка

سیپی

їжак

ساہیا

заєць

الو

сова

پرندہ

птах

راج ہنس

лебідь

نر سور

кабан

برن

олень

باره سنگا

лось

ڈیم

гребля

ونڈ ٹربائن

вітряк

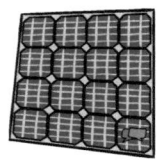

شمسی توانائی دا پینل

сонячний модуль

آب و ہوا

клімат

منظر - ландшафт

ریسٹورنٹ
ресторан

ویٹر
офіціант
مینیو
меню
کرسی
стілець
سوپ
суп
پیزا
піца
میز نا کپڑا
скатертина
پھانڈے
столові прилади

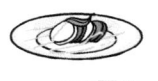

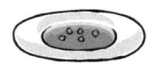

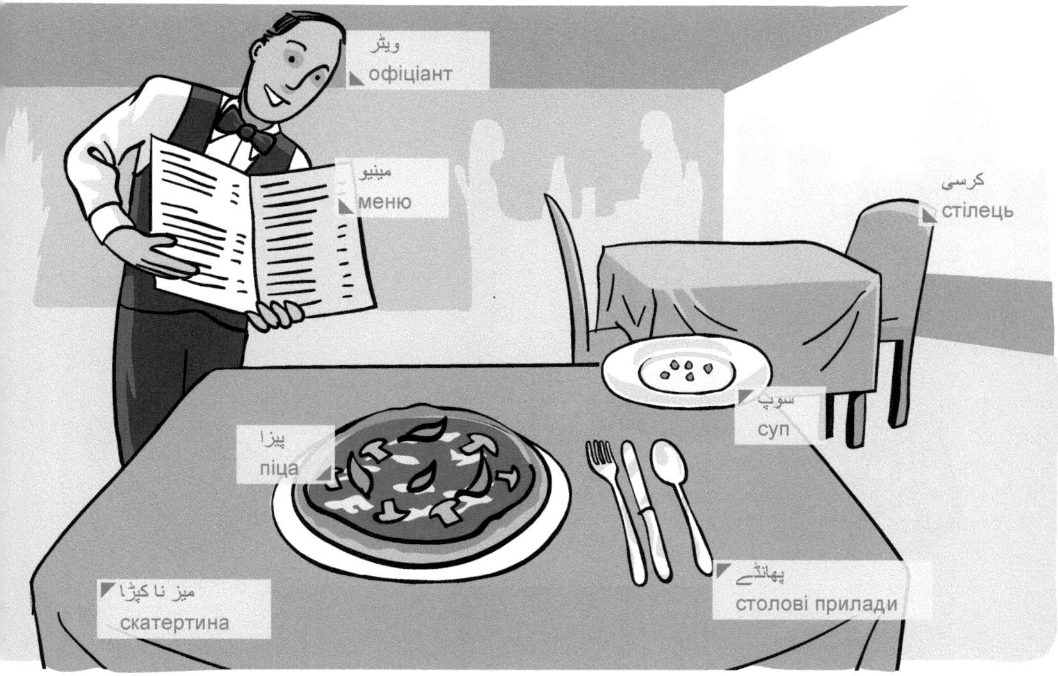

سٹارٹر
....
закуска

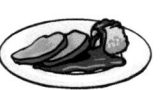

مین کورس
....
друга страва

ڈیزرٹ
....
десерт

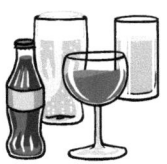

مشروب
....
напої

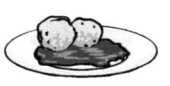

کھانا
....
їжа

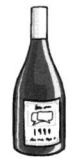

بوتل
....
пляшка

فاسٹ فوڈ

фаст-фуд

سٹریٹ فوڈ

вулична їжа

ٹی پاٹ

чайник

شوگر بول

цукорниця

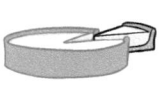

پورشن

порція

اسپریسو مشین

еспресо-машина

بانی چئیر

високий стільчик

بل

рахунок

ٹرے

піднос

چھری

ніж

کانٹا

вилка

چمچ

ложка

ٹی سپون

чайна ложка

تَولیہ

серветка

گلاس

склянка

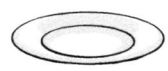

پلیٹ

تارілка

سوپ پلیٹ

тарілка для супу

ساسر

блюдце

چٹنی

соус

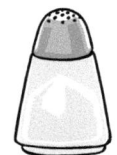

نمک دانی

солонка

مرچ مل پیپر

млин для перцю

سرکہ

оцет

تیل

масло

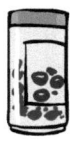

مصالحہ

спеції

کیچپ

кетчуп

سرسوں

гірчиця

مینیز

майонез

سپر مارکیٹ

супермаркет

سپیشل آفر
пропозиція
FOR
گاہک
клієнт
ڈیری
молочні продукти
پھل
фрукти
ٹرالی
візок для покупок

BUTCHERS

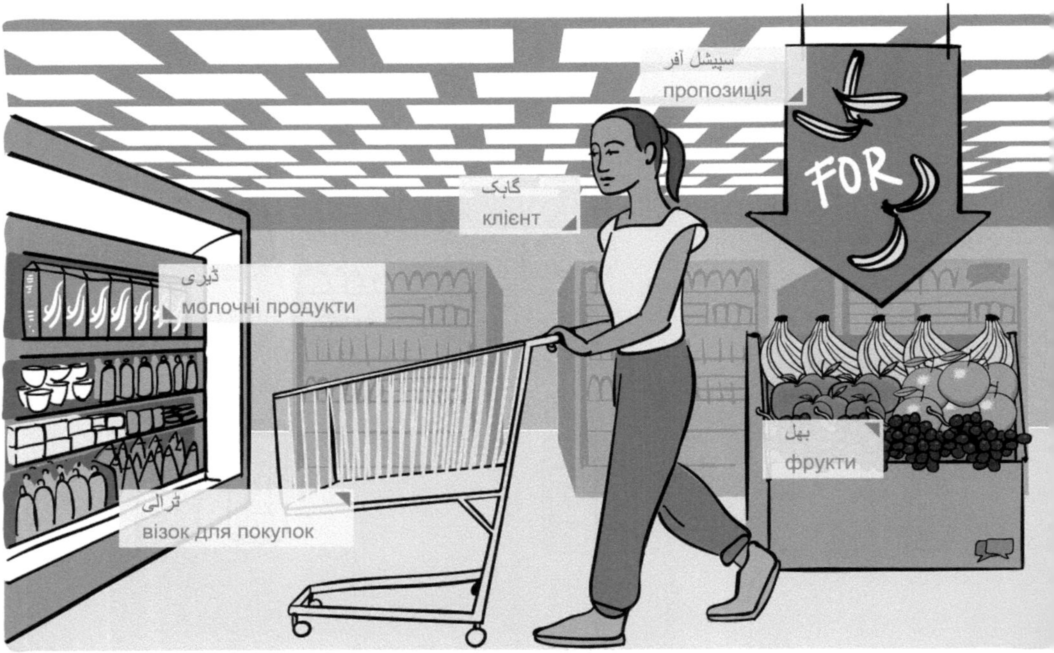

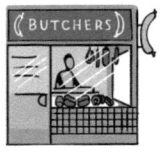

قصائی

м'ясний магазин

BAKERY

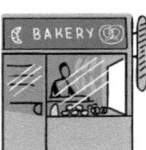

بیکرز

пекарня

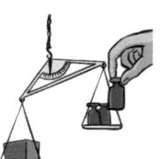

وزن

зважувати

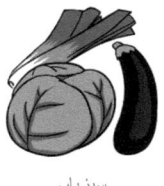

سبزیاں

овочі

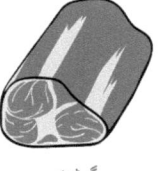

گوشت

м'ясо

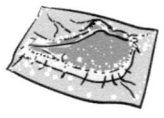

فروزن فوڈ

заморожені продукти

كولڈ گوشت

ковбасна нарізка

ٹن فوڈ

консерви

واشنگ پوڈر

пральний порошок

مٹھائی

солодощі

گھار دیاں چیزاں

предмети домашнього побуту

صفائی آلی چیزاں

мийний засіб

سیل مین

продавщиця

ٹل

каса

کیشنیر

касир

شاپنگ لسٹ

список покупок

کھلن دا ویلا

часи роботи

پرس

гаманець

کریڈٹ کارڈ

кредитна картка

بیگ

сумка

پلاسٹک بیگ

поліетиленовий пакет

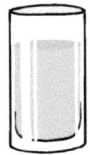

پانی
....
вода

جوس
....
сік

ددھ
....
молоко

کوک
....
кола

شراب
....
вино

شراب
....
пиво

شراب
....
алкоголь

کوکاؤ
....
какао

چاۓ
....
чай

کافی
....
кава

اسپریسو
....
еспресо

کپچینو
....
капучіно

كيلا

банан

سيب

яблуко

موسمبى

апельсин

تربوز

кавун

نيمبو

лимон

گاجر

морква

لہسن

часник

بانس

бамбук

پياز

цибуля

كھمبى

гриб

ميوے

горішки

نوڈلز

локшина

سپیگیٹی

спагеті

چاول

рис

سلاد

салат

چپس

картопля фрі

تلے ہوئے آلو

смажена картопля

پیزا

піца

بیف برگر

гамбургер

سینڈوچ

бутерброд

تکے

шніцель

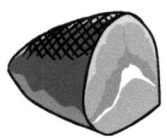

بیم

шинка

سلامی

салямі

ساسج

ковбаса

مرغی

курка

بھنیا ہویا

печеня

مچھی

риба

جو نا دلیه

ويвсяні пластівці

مولى

мюслі

کارن فلیکس

кукурудзяні пластівці

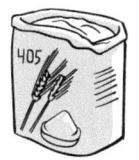

آٹا

борошно

کرائسنٹ

круасан

بریڈ رول

булочка

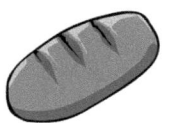

روٹی

хліб

ٹوسٹ

тостовий хліб

بسکٹ

печиво

مکھن

масло

دہی

сир

کیک

пиріг

انڈا

яйце

تلیا انڈا

яєчня

پنیر

сир

آئس کریم

морозиво

چینی

цукор

شہد

мед

جام

мармелад

چاکلیٹ سپریڈ

нуга-крем

سالن

карі

ферма

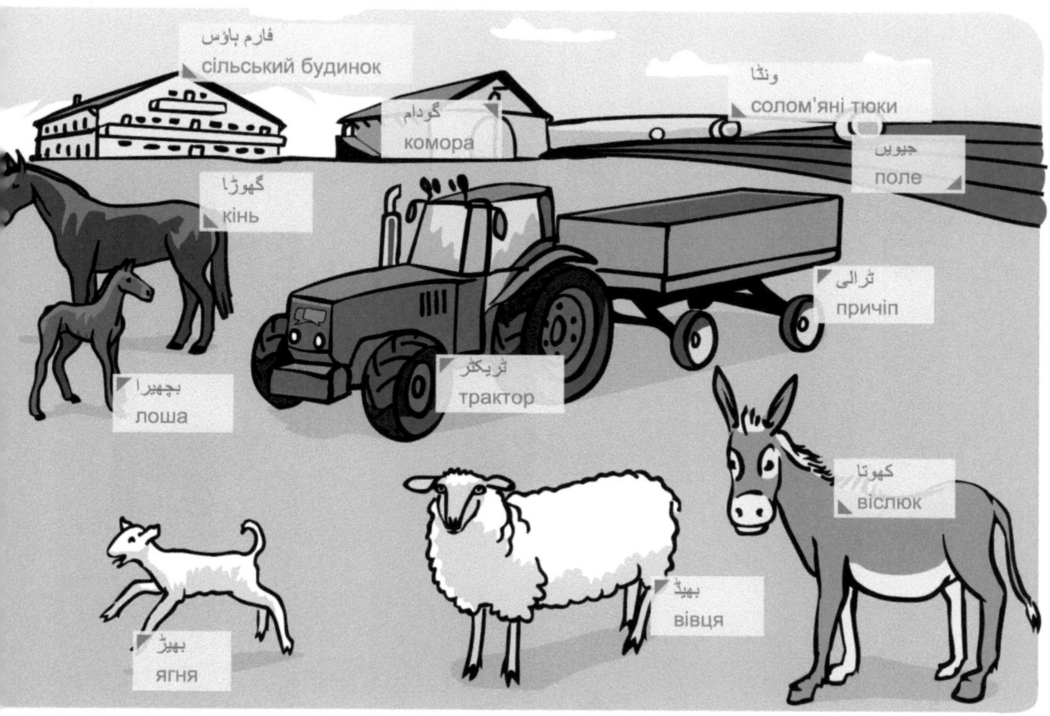
فارم ہاؤس
сільський будинок
گودام
комора
ونڈا
солом'яні тюки
جیویں
поле
گھوڑا
кінь
ٹرالی
причіп
بچھیرا
лоша
ٹریکٹر
трактор
کھوتا
віслюк
بھیڑ
вівця
بھیڑ
ягня

بکری

коза

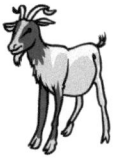

گاں

корова

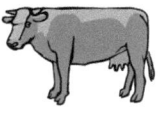

بچھڑا

теля

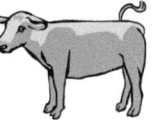

سور

свиня

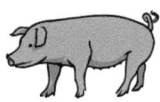

پگ لیٹ

порося

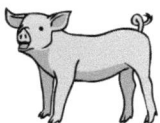

بیل

бик

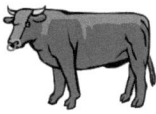

بطخ

گوساک

بطخ

качка

چوزه

курча

مرغی

курка

مرغا

півень

چوہا

щур

بلی

кіт

چوہا

миша

بیل

віл

کتا

собака

کتے نا کھار

собача будка

لان نا پائپ

садовий шланг

پانی نا ڈبی

лійка

درانتی

коса

ہل

плуг

فارم - ферма

درانتی

серп

بو

мотика

ترنگل

вила

کوباڑی

сокира

ریڑھی

тачка

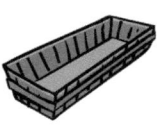

ڈونگا

корито

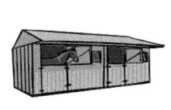

دده نا ٹبه

бідон молока

بورا

мішок

باڑ

паркан

اصطبل

хлів

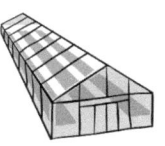

گرین ہاؤس

теплиця

مٹی

ґрунт

بیج

насіння

كھاد

добриво

کمبائن ہارویسٹر

комбайн

فصل

пожинати

فصل

урожай

يامز

корінь ямсу

كنك

пшениця

سويا

соя

آلو

картопля

مكنى

кукурудза

تلى

ріпак

پهلدار درخت

плодове дерево

كاساوا

маніок

اناج

злаки

کهار
дім

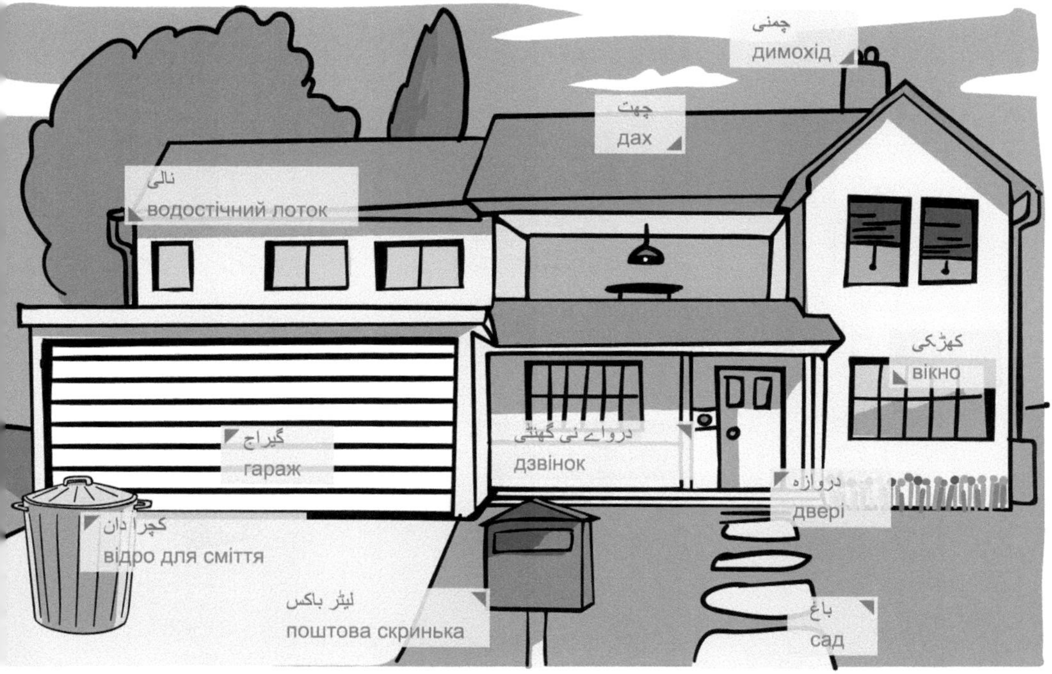

چمنی
димохід
چهت
дах
نالی
водостічний лоток
کهڑکی
вікно
گیراج
гараж
دروازے نی گهنٹی
дзвінок
دروازه
двері
کچرا دان
відро для сміття
لیٹر باکس
поштова скринька
باغ
сад

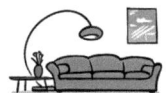

لونگ روم
вітальня

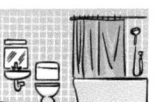

باتہ روم
ванна кімната

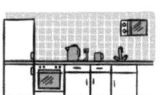

باورچہ خانہ
кухня

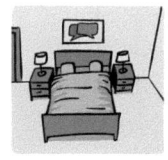

بیڈروم
спальня

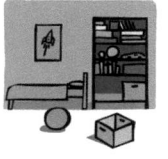

بچیاں نا کمره
дитяча кімната

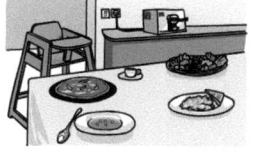

ڈائننگ روم
їдальня

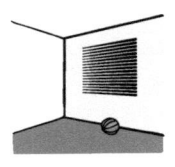

فرش

підлога

ديوار

стіна

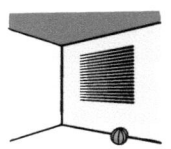

چهت

стеля

سلهبا

підвал

سوانا

сауна

بالكنى

балкон

سٹرىث

тераса

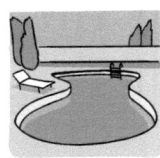

پول

басейн

لان موور

косарка

شيٹ

простирало

بيڈ سپريڈ

ковдра

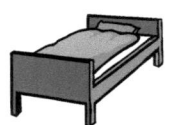

بيڈ

ліжко

جهاڑو

мітла

بالٹى

відро

سوىچ

перемикач

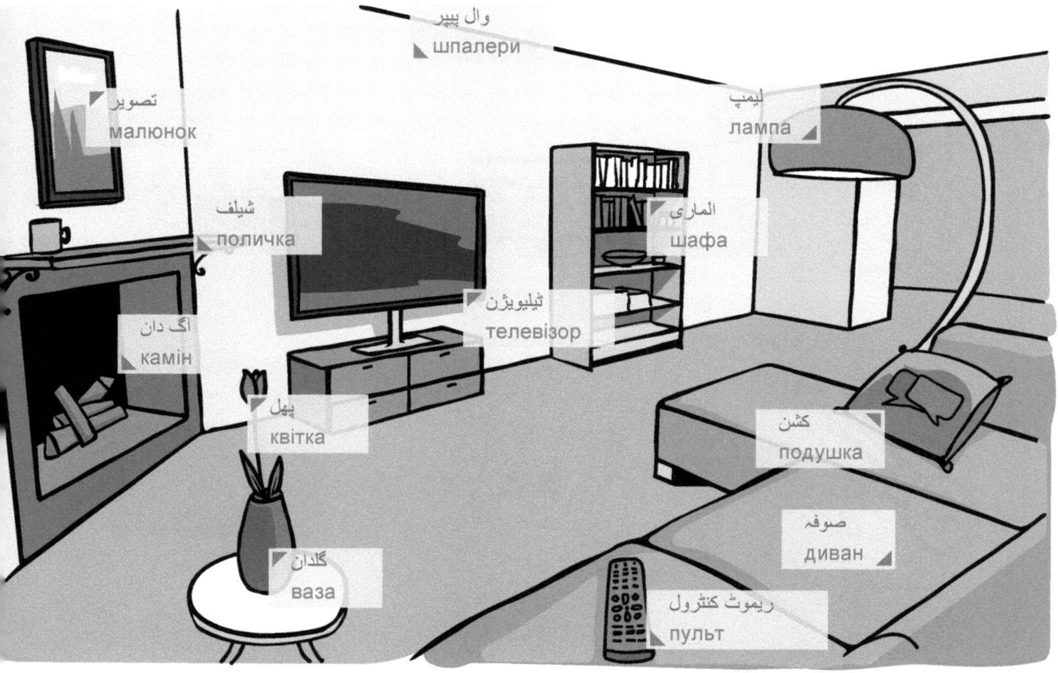

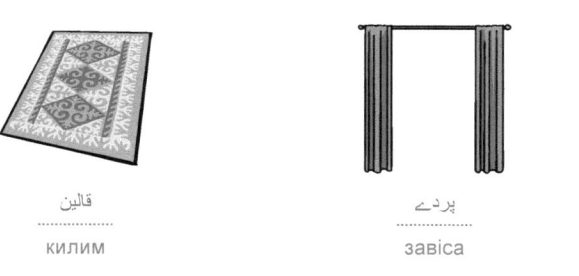

وال پیپر / шпалери

تصویر / малюнок

لیمپ / лампа

شیلف / поличка

الماری / шафа

آگ دان / камін

ٹیلیویژن / телевізор

کشن / подушка

پهل / квітка

صوفه / диван

گلدان / ваза

ریموٹ کنٹرول / пульт

قالین	پردے	میز
килим	завіса	стіл

کرسی	راکنگ چنیر	آرم چنیر
стілець	крісло-гойдалка	крісло

كتاب

книга

كمبل

ковдра

ڊيکوريشن

прикраса

کولے

дрова

فلم

фільм

بائی فائی آلات

стереосистема

چابی

ключ

اخبار

газета

پينٽنگ

картина

پوسٽر

плакат

ريڊيو

радіо

نوٽ پيڊ

блокнот

ٻوھر

пилосос

کيڪٽس

кактус

موم بتی

свічка

باورچہ خانہ
кухня

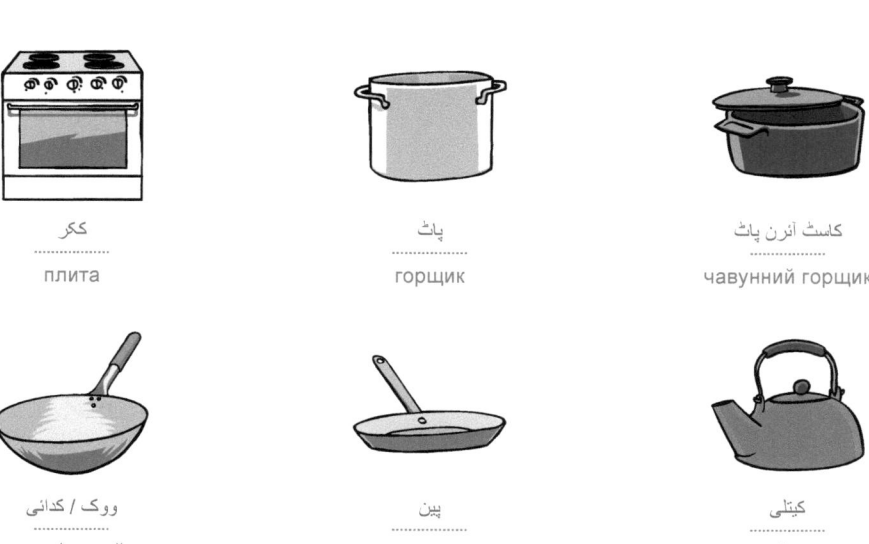

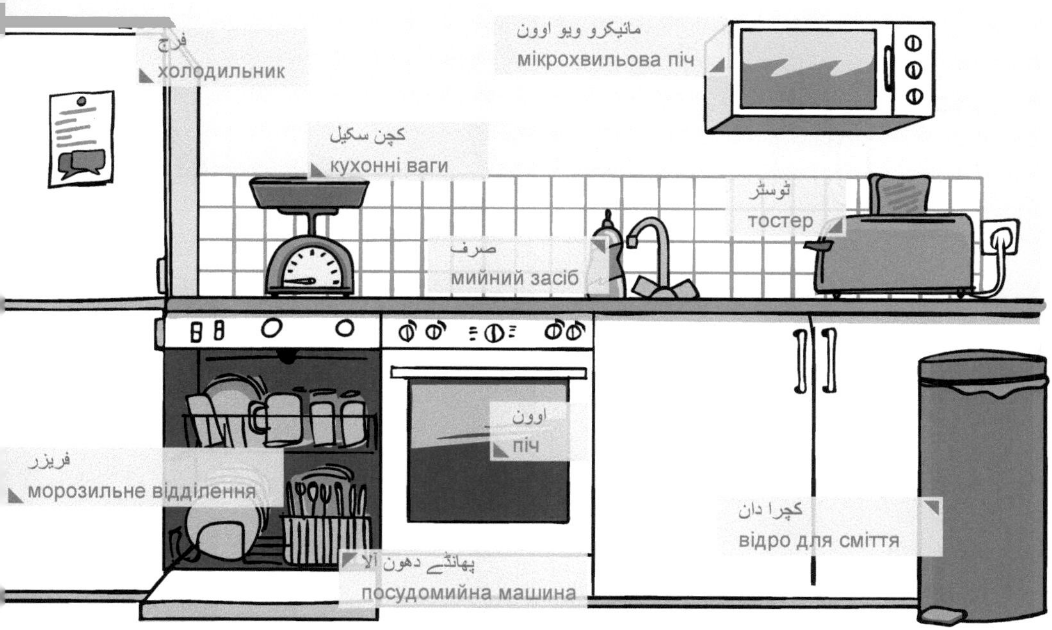
فرج
холодильник
مائیکرو ویو اوون
мікрохвильова піч
کچن سکیل
кухонні ваги
ٹوسٹر
тостер
صرف
мийний засіб
اوون
піч
فریزر
морозильне відділення
کچرا دان
відро для сміття
پھانڈے دھون آلا
посудомийна машина

ککر
плита

پاٹ
горщик

کاسٹ آئرن پاٹ
чавунний горщик

ووک / کدائی
вок / кадай

پین
сковорода

کیتلی
чайник

سٹیمر

پاروварка

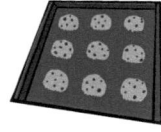

بیکنگ ٹرے

лист

پھانڈے

посуд

مگا

кухоль

پیالہ

чаша

چوپ سٹکس

палички для їжі

کرچھل

черпак

اسپالی

лопатка

پھینٹن آلا

вінчик для збивання

چھننا

сито

چھننی

сито

جھاواں

терка

کھان پکان آلا چمچہ

ступка

باربی کیو

барбекю

چولھا

багаття

کٹنگ بورڈ

دошка

رولنگ پن

качалка

کارک سکرو

штопор

کین

конзерва

کین کھلون آلا

відкривачка

پاٹ پکڑن آلا

прихватки

سنک

раковина

برش

щітка

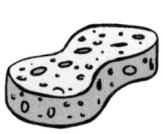

سپنج

губка

بلینڈر

міксер

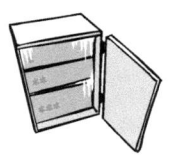

ڈیپ فریزر

морозильна камера

بچے نی بوتل

дитяча пляшка

ٹوٹی

кран

باورچہ خانہ - **кухня**

باتھ روم

ванна кімната

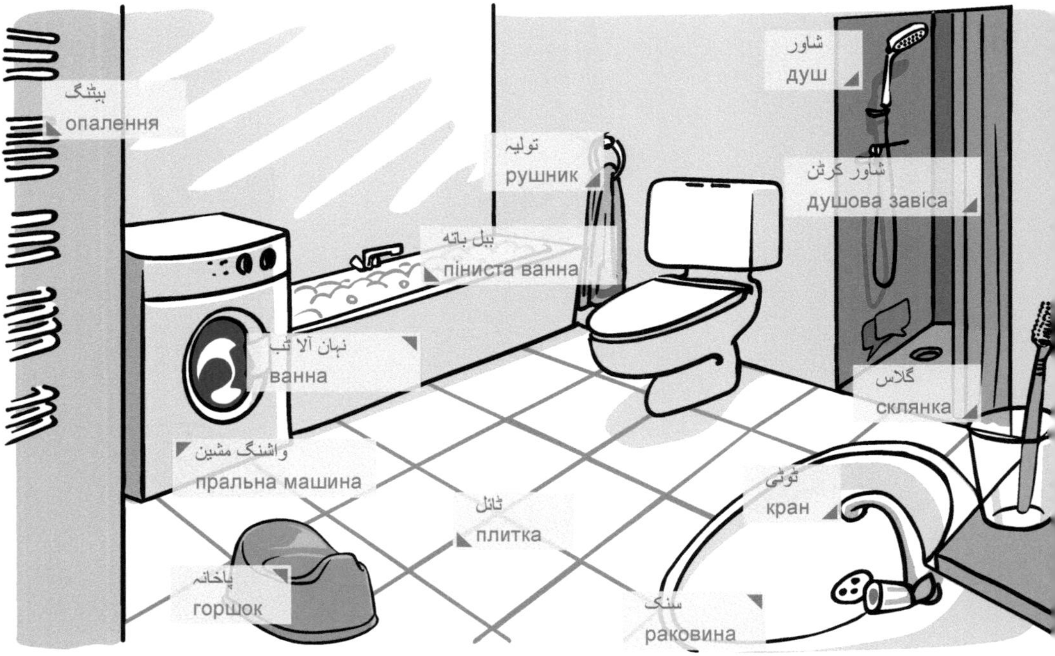

ہیٹنگ
опалення
تولیہ
рушник
شاور
душ
شاور کرٹن
душова завіса
ببل باتھ
піниста ванна
نہان آلا ٹب
ванна
واشنگ مشین
пральна машина
گلاس
склянка
ٹونٹی
кран
ٹائل
плитка
پاخانہ
горшок
سنک
раковина

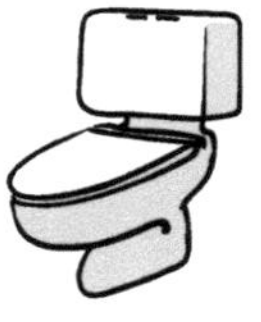

ٹوائلٹ

туалет

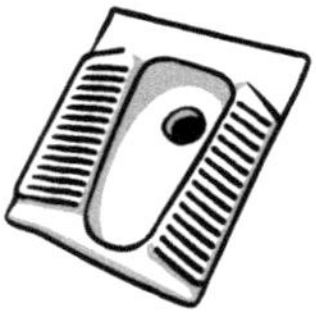

ٹوائلٹ

підлоговий туалет

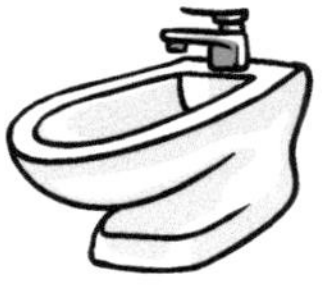

بڈٹ

біде

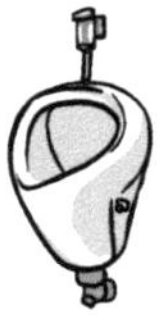

پیشاب

пісуар

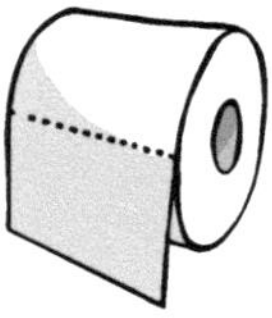

ٹوائلٹ پیپر

туалетний папір

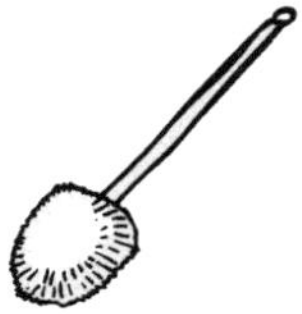

ٹوائلٹ برش

щітка для туалету

ٹوته برش

зубна щітка

ٹوته پیسٹ

зубна паста

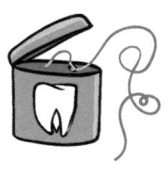

ڈینٹل فلاس

нитка для чищення зубів

دهونا

мити

بته وچ پهڑن آلا شاور

ручний душ

شاور

інтимний душ

بیسن

таз

بیک برش

щітка для спини

صابن

мило

شاور جیل

гель для душу

شیمپو

шампунь

فلالین

мочалка

نالی

водостік

کریم

крем

ڈیوڈرنٹ

дезодорант

مئنيآ

دزеркало

شيشهٔ آلا آته بت

косметичне дзеркало

استرا

бритва

فوم گنونيش

піна для гоління

سيو أفتر

лосьйон після гоління

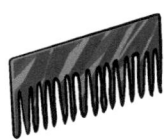

كنگها

гребінь

برش

щітка

ڈرائر بئير

фен

سپرے بئير

лак для волосся

اپ ميک

косметика

سٹك لپ

губна помада

شنرارو ئى ناخن

лак для нігтів

وول كاٹن

вата

كتر ناخن

ножиці для нігтів

پرفيوم

парфум

روم باته - ванна кімната

واش بيگ

کوسمەتیچکا

پاخانە

табурет

وزن دا پیمانە

ваги

باتە نى الماری

халат

ربر نے دستانە

гумові рукавички

بفر

тампон

توليە سثينڈ

гігієнічні прокладки

کیمیکل ٹوائلٹ

біотуалет

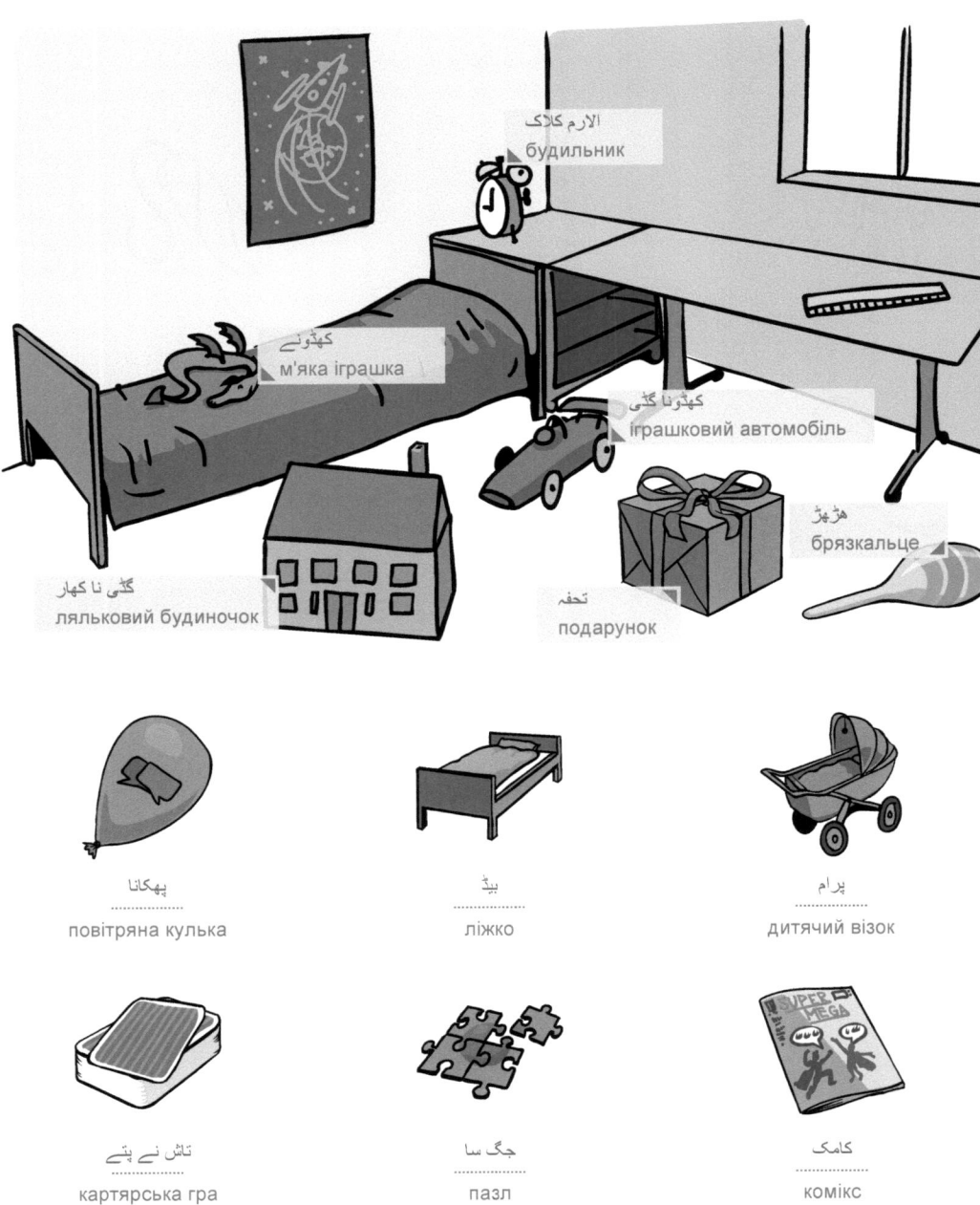

الارم کلاک
будильник

کھڈونے
м'яка іграшка

کھڈونا گڈی
іграшковий автомобіль

کھڈونا گھار
ляльковий будиночок

تحفہ
подарунок

رڑھڑ
брязкальце

پھکانا
повітряна кулька

بیڈ
ліжко

پرام
дитячий візок

تاش نے پتے
картярська гра

جگ سا
пазл

کامک
комікс

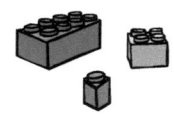

لیگو بریکس

لego цеглинки

بلڈنگ بلاکس

блоки

کھڈونا

іграшкова фігурка

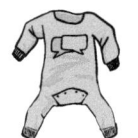

بےبی گرو

повзунки

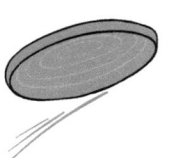

فرزبی

фризбі

موبائل

мобіле

بورڈ گیم

настільна гра

ڈائس

кубик

ماڈل ٹرن سیٹ

модель залізнична станція

ڈمی

соска

پارٹی

вечірка

تصویری کتاب

книжка з картинками

گیند

м'яч

گڑیا

лялька

کھیڈنا

грати

سینڈ پِٹ

пісочниця

جھولا

гойдалка

کھڈونے

іграшка

ویڈیو گیم کنسول

гральна консоль

ٹرائی سائیکل

триколісний велосипед

ٹیڈی بئیر

плюшевий мішка

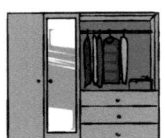

الماری

шафа

کپڑے

ОДЯГ

جرابیں

шкарпетки

جرابیں

панчохи

ٹائٹس

колготки

سکارف
шарф

چھتری
парасоля

ٹی شرٹ
футболка

بیلٹ
ремінь

بوٹ
чоботи

سلیپر
домашнє взуття

جوگر
кросівки

سینڈل
сандалі

جوتی
взуття

ربر نے جوتی
гумові чоботи

انڈر وئیر
труси

برا
бюстгальтер

بنیان
нижня сорочка

کپڑے - одяг

45

جسم

боді

پاجامہ

штани

جینز

джинси

سکرٹ

спідниця

برا

блузка

قمیص

сорочка

سوئیٹر

пуловер

ہوڈی

светр

کوٹ

піджак

جیکٹ

куртка

کوٹ

пальто

برساتی

дощовик

کاسٹیوم

костюм

کپڑے

сукня

شادی نا جوڑا

весільна сукня

سوٹ

костюм

راتے نے کپڑے

нічна сорочка

پاجامہ

піжама

ساڑھی

capi

سکارف

головна хустка

پگڑی

чалма

برقعہ

бурка

کفتان

кафтан

برقعہ

абая

نہان والے کپڑے

купальник

انڈرونیر

плавки

نیکر

шорти

ٹریک سوٹ

тренувальний костюм

دھوتی

фартух

دستانے

рукавички

بٹن
....
гудзик

چشمہ
....
окуляри

بریسلیٹ
....
браслет

ہار
....
ланцюг

انگوٹھی
....
кільце

کنڈے
....
сережка

ٹوپی
....
шапка

کوٹ ہینگر
....
плічка

ٹوپی
....
капелюх

ٹائی
....
краватка

زپ
....
застібка-блискавка

ہیلمٹ
....
шолом

بریسز
....
підтяжки

سکول نی وردی
....
шкільна форма

وردی
....
уніформа

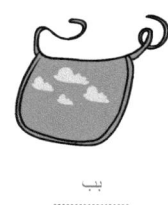

ﺑﺐ

нагрудник

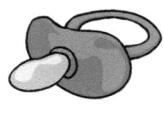

ڈمی

соска

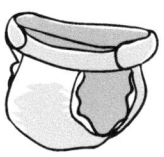

ناپی

підгузок

دفتر

офіс

سرور
сервер
فائلاں نے الماری
шаф для документів
پرنٹر
принтер
کاغذ
папір
مانیٹر
монітор
ماؤس
миша
میز
письмовий стіл
فولڈر
папка
کی بورڈ
синтезатор
کچرے نا ڈبہ
кошик для паперу
کمپیوٹر
комп'ютер
کرسی
стілець

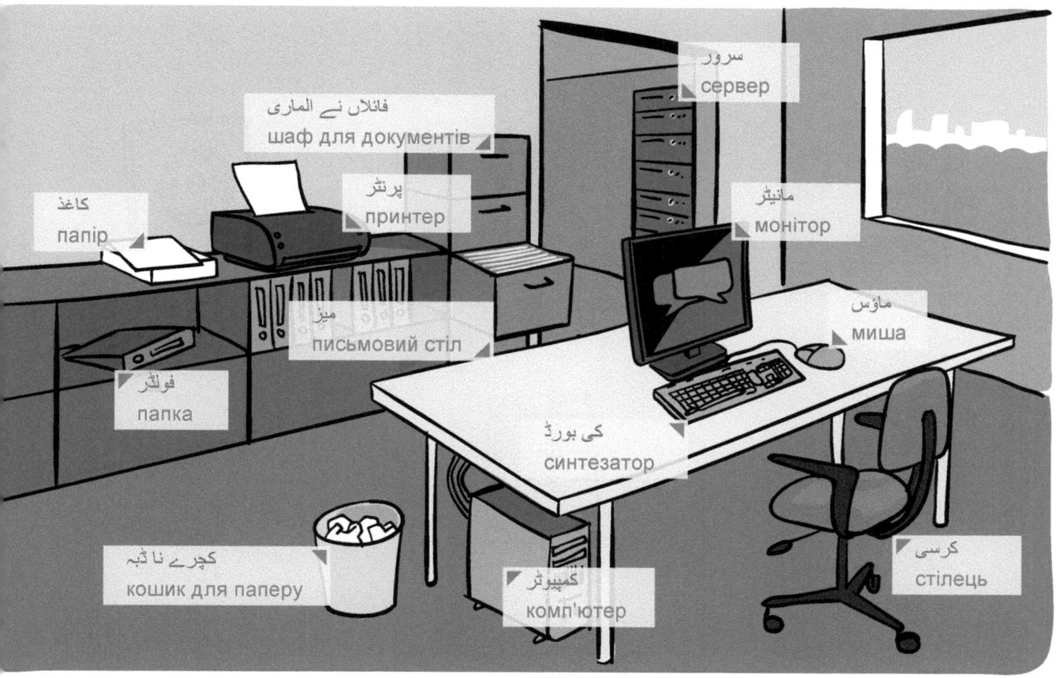

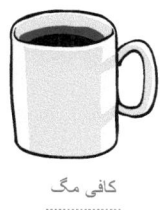

کافی مگ

кавовий кухоль

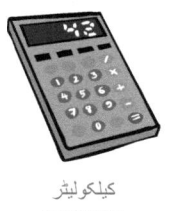

کیلکولیٹر

калькулятор

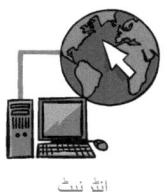

انٹرنیٹ

інтернет

لیپ ټاپ

ноутбук

خط

лист

پیغام

повідомлення

موبائل

мобільний телефон

نیټ ورک

мережа

فوټو کاپئیر

копіювальний пристрій

سافټ وئیر

програмне забезпечення

ټیلیفون

телефон

پلگ ساکټ

розетка

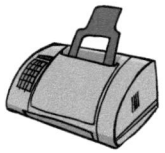

فکس مشین

факс

فارم

бланк

دستاویزات

документ

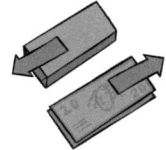

خریدنا

купувати

ادا کرنا

платити

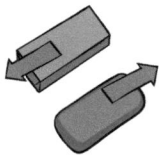

تجارت

торгувати

پیسہ

гроші

ڈالر

долар

یورو

євро

ین

ієна

روبل

рубль

سویس فرانک

франк

رینمینبی یوان

юанів женьміньбі

روپیہ

рупія

کیش پوائنٹ

банкомат

ایکسچینج دفتر

обмінний пункт

سونا

золото

چاندی

срібло

تیل

нафта

توانائی

енергія

قیمت

ціна

معاہدہ

контракт

ٹیکس

податок

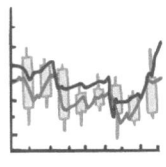

سٹاک

акція

کم

працювати

ملازم

працівник

اجر

роботодавець

فیکٹری

фабрика

بٹی

магазин

پیشہ
професії

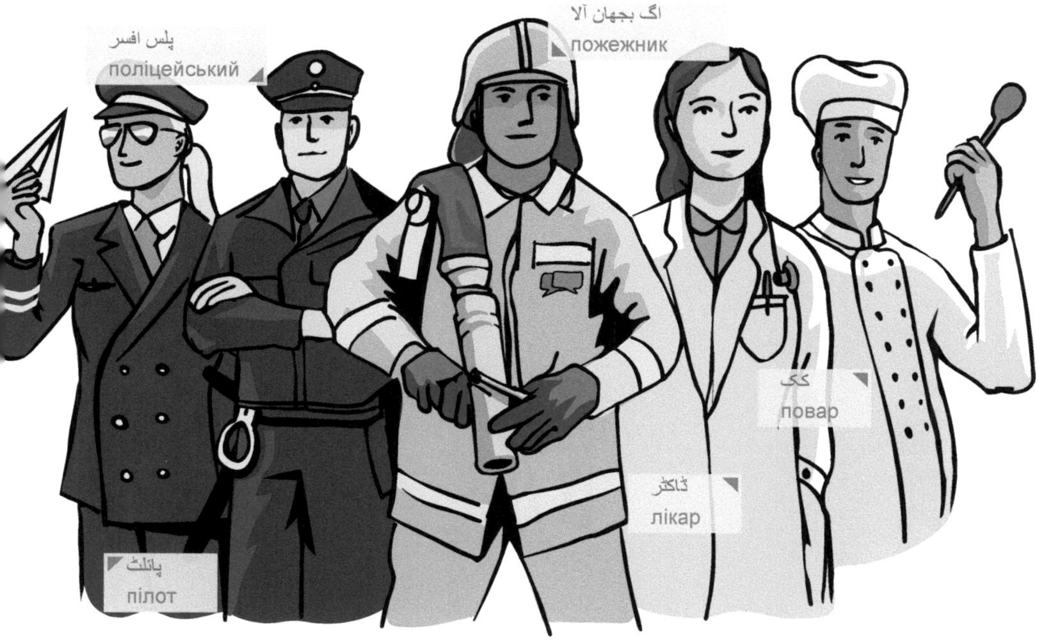

پلس افسر
поліцейський
اگ بجھان آلا
пожежник
کک
повар
ڈاکٹر
лікар
پائلٹ
пілот

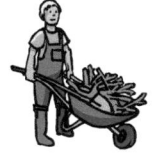

مالی

садівник

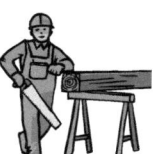

برھئی

столяр

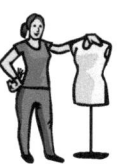

درزن

швачка

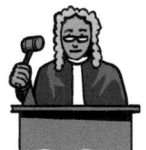

جج

суддя

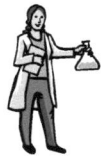

کیمسٹ

хімік

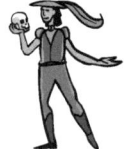

ایکٹر

актор

بس ڈرائیور

водій автобуса

ٹیکسی ڈرائیور

таксист

مچھیرا

рибалка

صفائی آلی جنانی

прибиральниця

روفر

покрівельник

ویٹر

офіціант

شکاری

мисливець

پینٹر

художник

بیکری آلا

пекар

الیکٹریشن

електрик

تعمیرات آلا

будівельник

انجینیئر

інженер

قصائی

забійник

پلمبر

бляхар

پوسٹ مین

листоноша

سپاہی

солдат

آرکیٹیکٹ

архітектор

کیشیئر

касир

پھلاں آلا

флорист

نائی

перукар

کنڈکٹر

кондуктор

مکینک

механік

کپتان

капітан

دندان ساز

дантист

سائنس دان

вчений

ربائی

рабин

امام

імам

راہب

монах

انگریز

пастор

ٹولز

інструменти

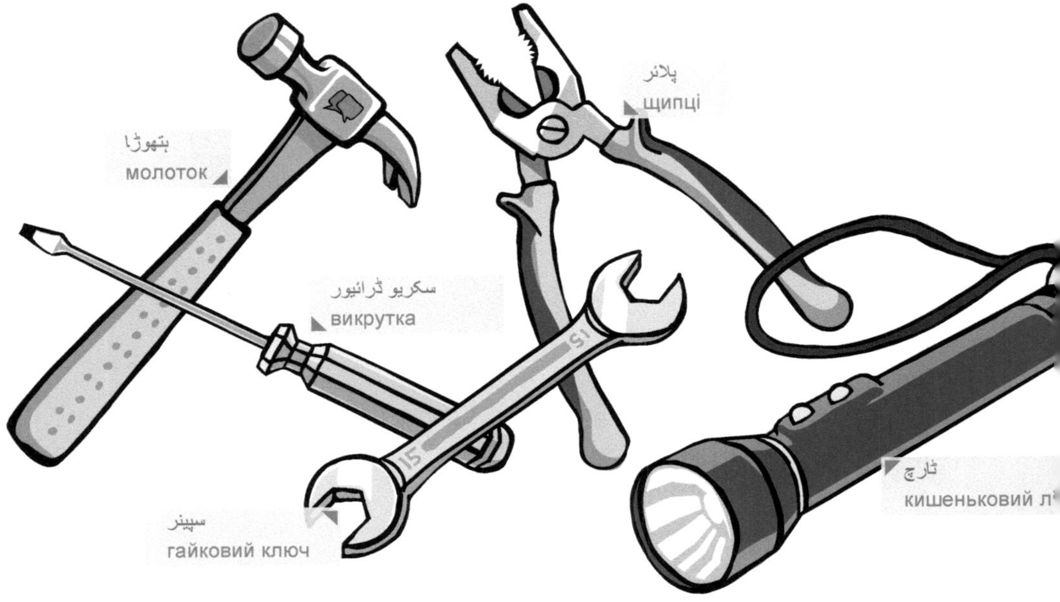

ہتھوڑا
молоток
پلائر
щипці
سکریو ڈرائیور
викрутка
ٹارچ
кишеньковий л
سپینر
гайковий ключ

پھاوڑا

екскаватор

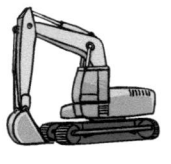

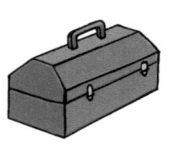

ٹول باکس

ящик для інструментів

سیڑھی

драбина

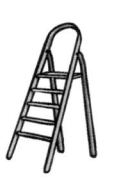

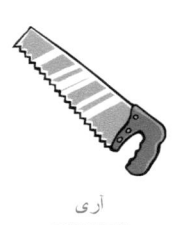

آری

пилка

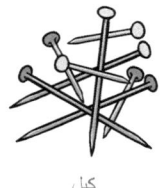

کیل

цвяхи

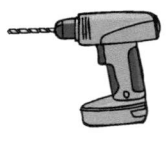

ڈرل

свердло

مرمت

ремонтувати

شاول

лопата

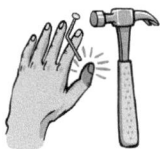

لعنت!

лайно!

ڈسٹ پین

совок

پینٹ پاٹ

відро з фарбою

سکریوز

гвинти

موسیقی نے آلات

музичні інструменти

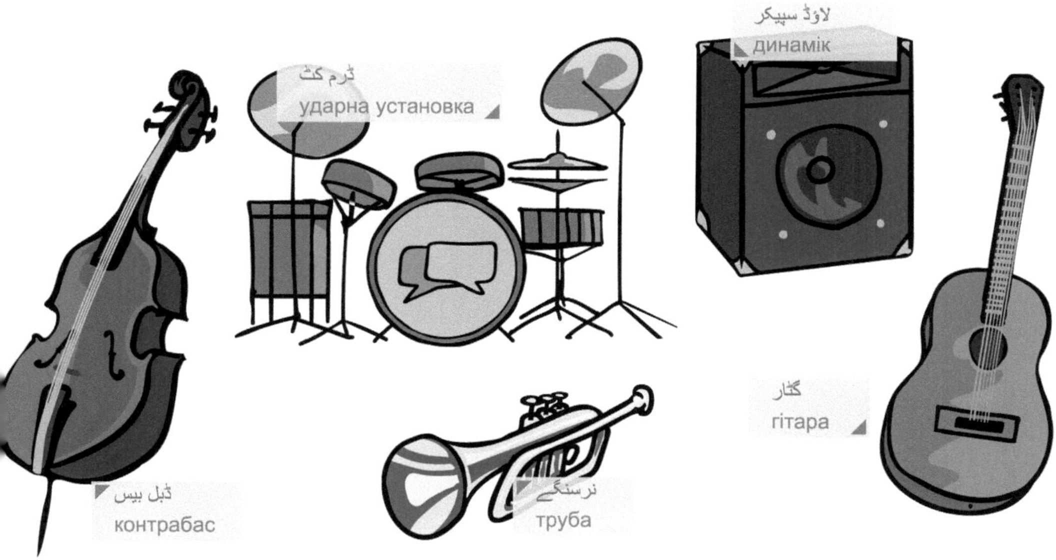

درم کٹ
ударна установка

لاؤڈ سپیکر
динамік

گٹار
гітара

ڈبل بیس
контрабас

نرسنگے
труба

پیانو

фортепіано

وائلن

скрипка

بیس

бас

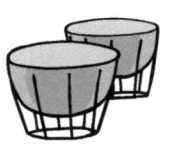

ٹمپانی

литаври

ڈرمز

барабан

کی بورڈ

клавіатура

سیگزو فون

саксофон

بانسری

флейта

مائیکروفون

мікрофон

موسیقی نے آلات - музичні інструменти

چڑیا کھار

зоопарк

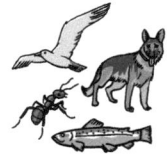

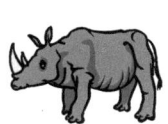

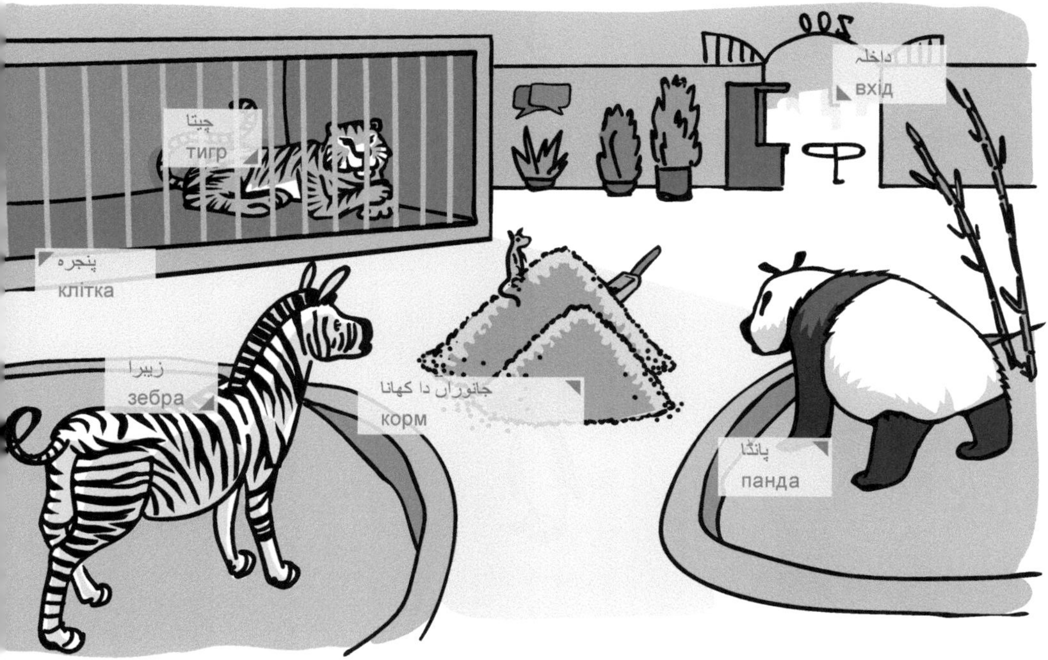

داخلہ
вхід
چیتا
тигр
پنجرہ
клітка
زیبرا
зебра
جانوراں دا کھانا
корм
پانڈا
панда

جانور
....
тварини

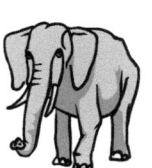

ہاتھی
....
слон

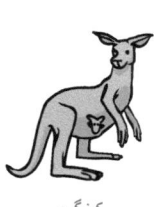

کینگرو
....
кенгуру

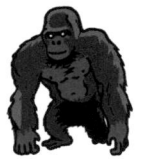

گینڈا
....
носоріг

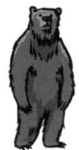

گوریلا
....
горила

ریچھ
....
ведмідь

اونٹ

верблюд

شترمرغ

страус

شیر

лев

باندر

мавпа

فلیمنگو

фламінго

طوطا

папуга

برفانی ریچھ

білий ведмідь

پینگوئن

пінгвін

شارک

акула

مور

павич

سپ

змія

مگرمچھ

крокодил

چڑیا گھر دا رکھوالا

працівник зоопарку

سیل

тюлень

جیگوار

ягуар

پونی

پونی

поні

لیپرڈ

леопард

ہپو

гіпопотам

زرافہ

жираф

چیل

орел

نر سور

кабан

مچھی

риба

کیچھوا

черепаха

والرس

морж

لومبڑ

лисиця

گیزل

газель

امریکن فٹبال
американський футбол

سائکلنگ
їзда на велосипеді

ٹینس
теніс

باسکٹ بال
баскетбол

سوئمنگ
плавання

باکسنگ
бокс

آئس ہاکی
хокей

فٹبال
....
футбол

بیڈ منٹن
....
бадмінтон

ایتھلیٹکس
....
легка атлетика

ہینڈ بال
....
гандбол

سکیینگ
....
лижні перегони

پولو
....
поло

дії

بنسنا
сміятися

چھال مارنا
стрибати

چھپی پانا
обіймати

چلنا
йти

گانا گانا
співати

خواب
мріяти

دعا
молитися

بوسہ
цілувати

لکھنا
писати

لیک لانا
малювати

وکھانا
показувати

دهکا
тиснути

دینا
давати

لینا
брати

بے وے

мати

کرنا

робити

ہو

бути

کھلونا

стояти

دوڑنا

бігати

چھکنا

тягнути

سٹنا

кидати

ٹھینا

падати

جھوٹ

лежати

انتظار

очікувати

چکنا

носити

بیھنا

сидіти

کپڑے پانا

одягати

سونا

спати

جاگنا

просипатися

ویکهنا

دивитися

رونا/چلانا

плакати

سہلانا

гладити

کنگها

розчісувати

گل کرنا

розмовляти

سمجهنا

розуміти

پوچهنا/دسنا

питати

سننا

слухати

پینا

пити

کهانا

їсти

تیار ہونا

прибирати

محبت

любити

پکانا

варити

گڈی چلانا

їхати

اڈنا

літати

سمندری سفر

йти під вітрилом

کیلکولیٹ

рахувати

پڑھنا

читати

سیکھنا

вчитися

کم

працювати

شادی

одружуватися

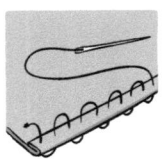

سیونا

шити

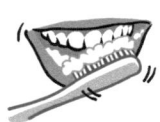

دند صاف

чистити зуби

قتل

убивати

دھواں

курити

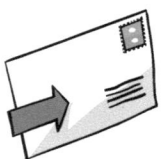

بھیجنا

посилати

کنبہ

сім'я

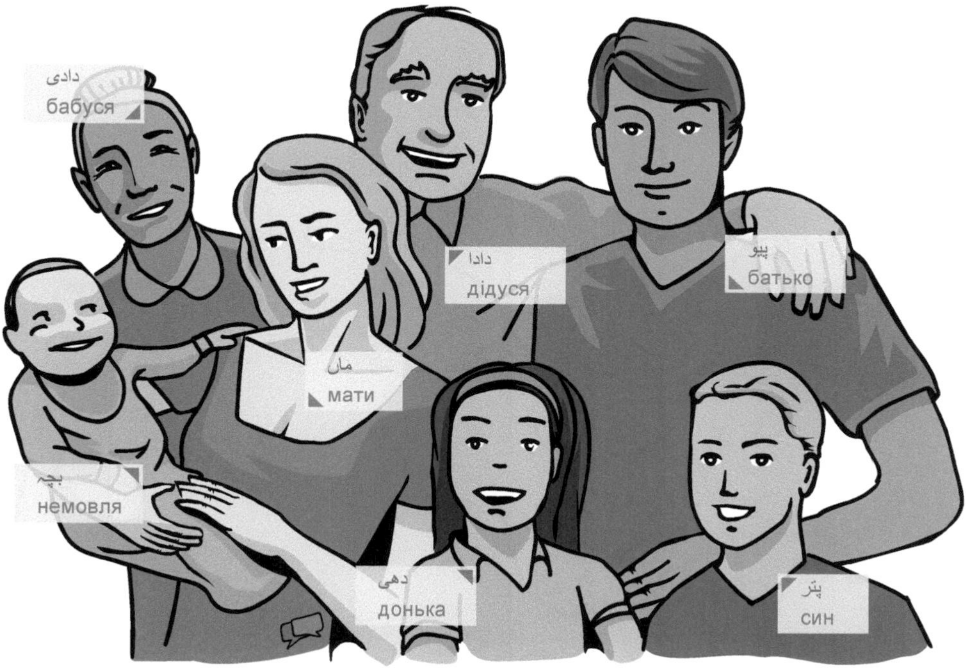

دادی
бабуся
دادا
дідуся
پیو
батько
ماں
мати
بچہ
немовля
دھی
донька
پتر
син

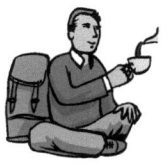

مہمان

гість

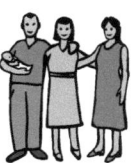

ماسی / پھو

тітка

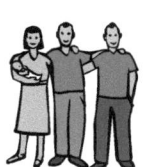

چاچا/ماما

дядько

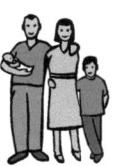

بھرا

брат

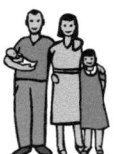

بہن

сестра

متها
чоло

اکه
око

منہ
обличчя

ٹھوڑی
підборіддя

چھاتی
груди

انگلی
палець

بتہ
кисть

بانہہ
рука

منڈھے
плече

لت
нога

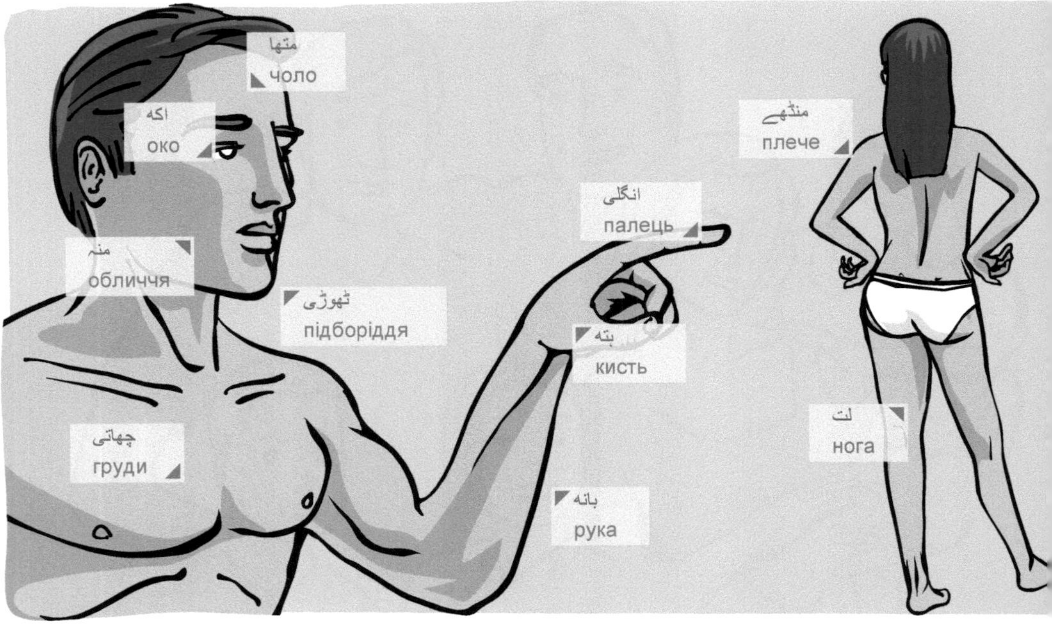

بچہ

немовля

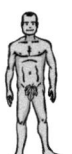

بندہ

чоловік

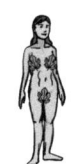

جنانی

жінка

کڑی

дівчина

مڑا

хлопчик

سر

голова

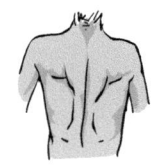

كمر

спина

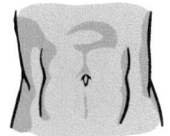

ٹھڈ

живіт

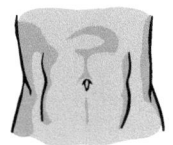

تہنی

пуп

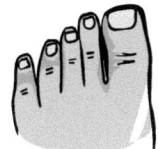

پنجہ

палець ноги

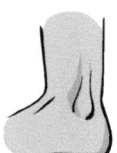

ایڈی

п'ята

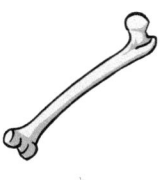

بڈی

кістка

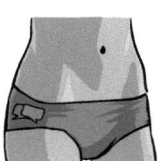

کولہے

стегно

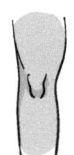

گوڈے

коліно

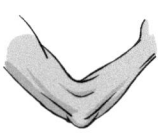

کہنی

лікоть

نک

ніс

زیر جامہ

сідниці

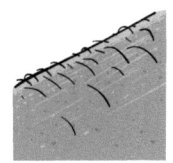

کھل

шкіра

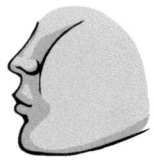

گلاں

щока

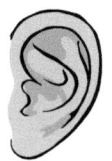

کن

вухо

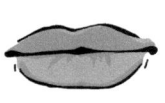

بل

губа

منہ

рот

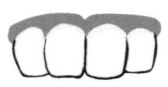

دند

зуб

زبان

язик

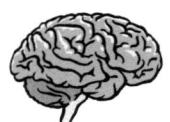

دماغ

мозок

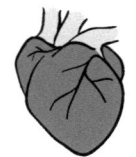

دل

серце

پٹھے

м'яз

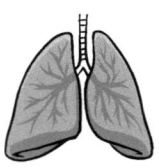

پھیپڑے

легені

جگر

печінка

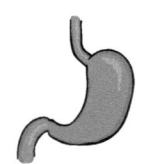

تھڈ

шлунок

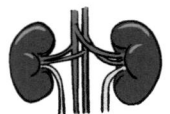

گردے

нирки

جنس

статевий акт

کنڈم

презерватив

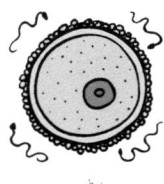

انڈے

яйцеклітина

منی

сперма

حمل

вагітність

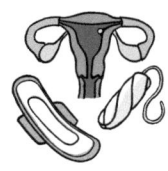

حيض

менструація

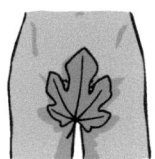

اندام نهانى

вагіна

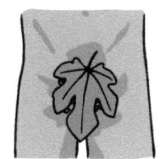

عضو تناسلی

пеніс

بهوں

брова

بال

волосся

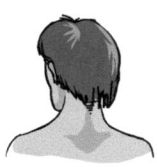

گردن

шия

ہسپتال
лікарня

ہسپتال
лікарня
ایمبولنس
машина швидкої допомоги
وہیل چئیر
інвалідний візок
فریکچر
перелом

ڈاکٹر
лікар

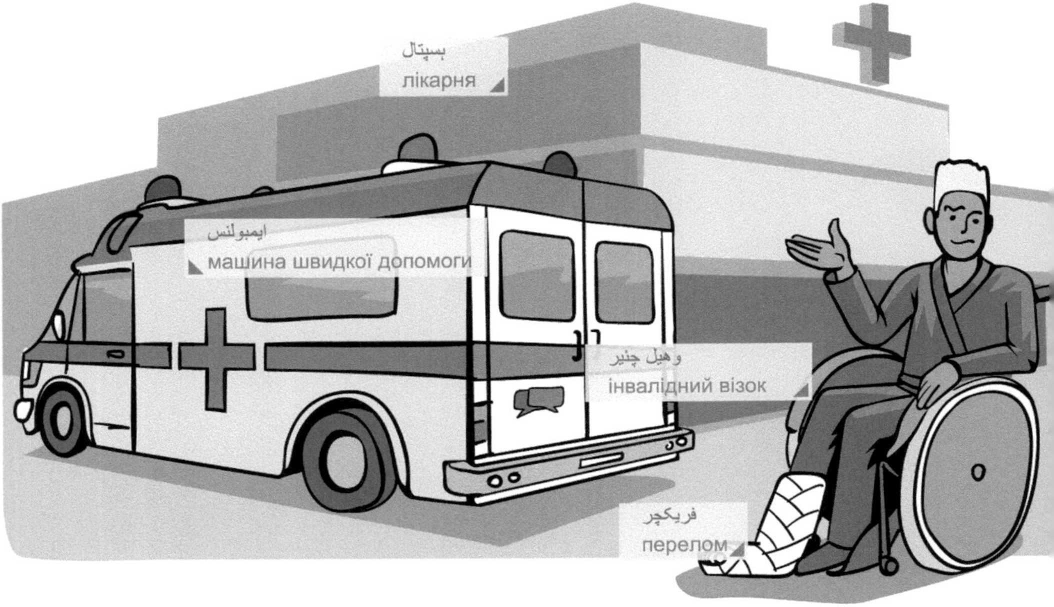

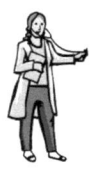

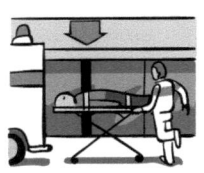

ہنگامی کمرہ
відділення швидкої медичної допомоги

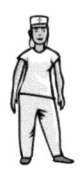

نرس
медсестра

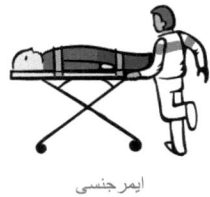

ایمرجنسی
аварійний випадок

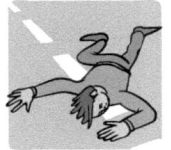

بے ہوش
непритомний

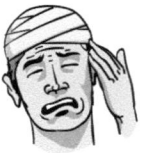

درد
біль

سٹ

травма

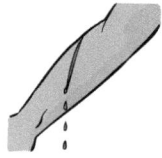

خون نکلنا

кровотеча

دل کا دوره

інфаркт

فالج

інсульт

الرجی

алергія

کھنگ

кашель

تپ

лихоманка

نزلہ

грип

اسہال

пронос

سر درد

головна біль

کینسر

рак

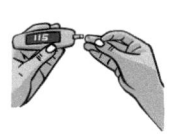

شوگر(ذیابطس)

діабет

سرجن

хірург

سکیلپیل

скальпель

آپریشن

операція

سی ٹی

КТ

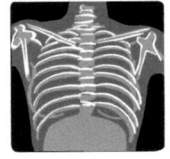

ایکسرے

рентген

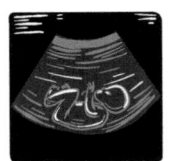

الٹرا ساؤنڈ

ультразвук

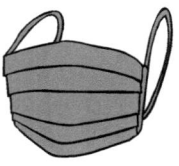

چہرہ ان ا ماسک

маска

بماری

хвороба

انتظار گاہ

зал очікування

بیساکھی

милиця

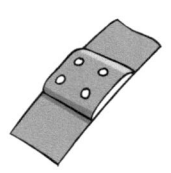

پلستر

пластир

پٹی

пов'язка

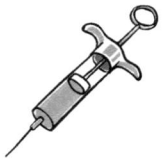

ٹیکہ

ін'єкція

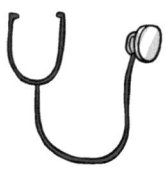

سٹیتھوسکوپ

стетоскоп

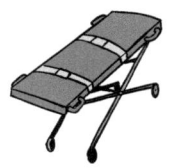

اسٹریچر

ноші

کلینکل تھرمومیٹر

термометр

پیدائش

народження

زائدالوزن

надмірна вага

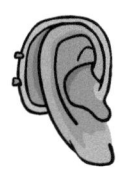

سنن لنی آله

слуховий апарат

جراثیم مم کش

дезінфікуючий засіб

متعدی مرض ید

інфекція

سرس وائرس

вірус

HIV/AIDS

ВІЛ / СНІД

دوائی

медицина

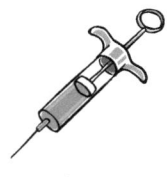

ویکسینیشن

вакцинація

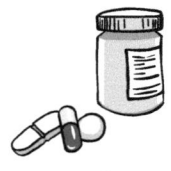

گولیاں

таблетки

گولی

протизаплідна пігулка

بنگامی کال

екстрений виклик

بلڈ پریشر مانیٹر

тонометр

بیمار / صحتمند

хворий / здоровий

مدد!

Допоможіть!

الارم

сигнал тривоги

حملہ

напад

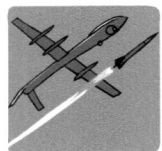

حملہ

атака

خطرہ

небезпека

بنگامی اخراج

аварійний вихід

آگ!

Вогонь!

آگ بجاهن والا آلہ

вогнегасник

حادثہ

аварія

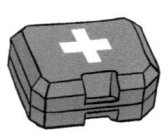

فرسٹ ایڈ کٹ

аптечка

SOS

СОС

پلس

поліція

يورپ

Європа

شمالی امریکه

Північна Америка

جنوبی امریکه

Південна Америка

افریقه

Африка

ایشیاء

Азія

آستریلیا

Австралія

اتلانتک

Атлантика

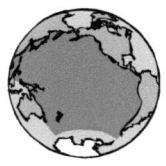

پیسیفیک

Тихий океан

بحیره هند

Індійський океан

بهیره انتارکتک

Антарктичний океан

بهیره أرکتیک

Північний Льодовитий океан

قطب شمالی

Північний полюс

قطب جنوبى

Південний полюс

انتاركتيكا

Антарктика

زمين

Земля

خشكى

суша

سمندر

море

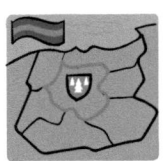

جزيره

острів

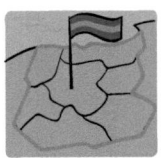

قوم

нація

رياست

держава

زمين - Земля

کلاک فیس

циферблат

نکی سونئی

годинникова стрілка

وڈی سونئی

хвилинна стрілка

سیکنڈ ہینڈ

секундна стрілка

کی ٹائم ہویا اے؟

Котра година?

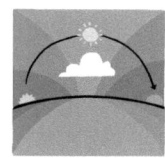

دن

день

وقت

час

ہون

зараз

ڈیجیٹل گھڑی

цифровий годинник

منٹ

хвилина

گھنٹہ

година

тиждень

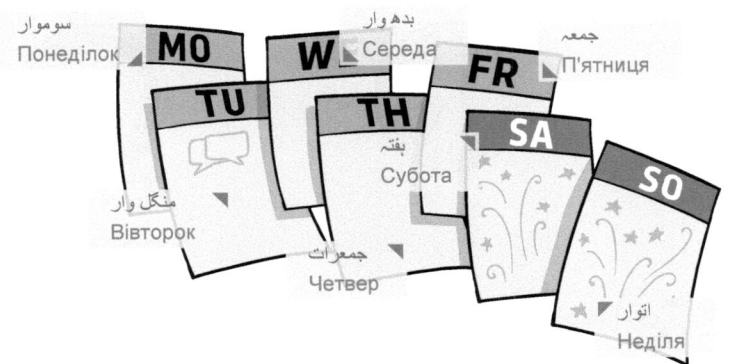

سوموار
Понеділок

بدهوار
Середа

جمعه
П'ятниця

منگل وار
Вівторок

هفته
Субота

جمعرات
Четвер

اتوار
Неділя

کل

вчора

اج

сьогодні

کل

завтра

سویر

ранок

دوپہر

опівдні

شام

вечір

کاروباری دن

робочі дні

ویک اینڈ

кінець робочого тижня

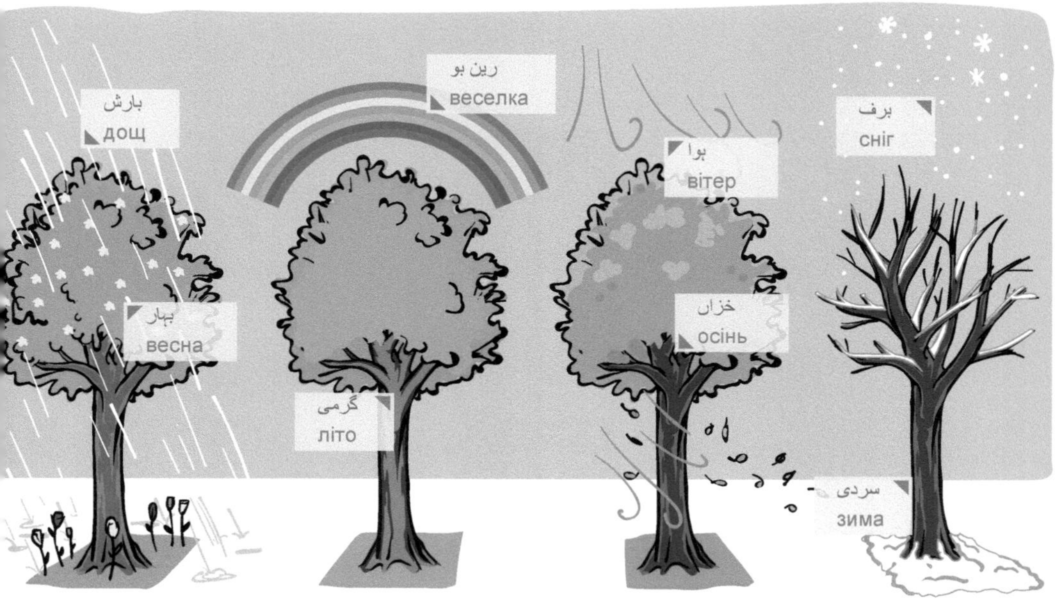

بارش
дощ
رین بو
веселка
ہوا
вітер
برف
сніг
بہار
весна
گرمی
літо
خزاں
осінь
سردی
зима

4.APRIL 11°
5.APRIL 4°
6.APRIL 13°
7.APRIL 8°
8.APRIL 10°

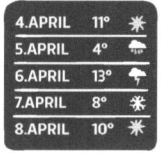

موسمی پیشگوئی

прогноз погоди

F C
120 40
90 30
60 20
30 10
0 0
-30 -10
-20

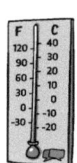

تھرمامیٹر

термометр

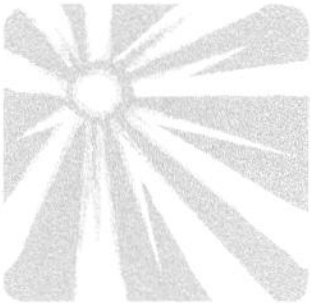

سورج نے چمک

сонячне світло

بدل

хмара

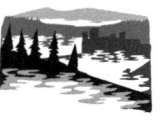

دھند

туман

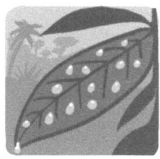

نمی

вологість повітря

بجلی کڑکنا

блискавка

گرج

грім

نهيری

шторм

اولے

град

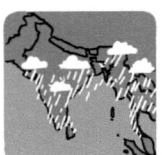

ساون

мусон

سيلاب

повінь

برف

лід

جنوری

Січень

فروری

Лютий

مارچ

Березень

اپريل

Квітень

منی

Травень

جون

Червень

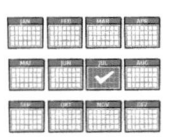

جولائی

Липень

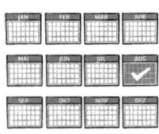

اگست

Серпень

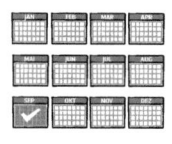

ستمبر

Вересень

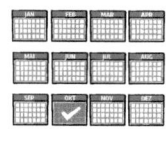

اكتوبر

Жовтень

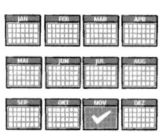

نومبر

Листопад

دسمبر

Грудень

شکلاں

форми

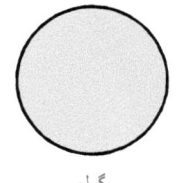

گول

круг

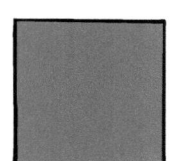

چوکور

квадрат

مستطیل

прямокутник

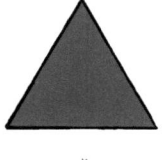

مثلث

трикутник

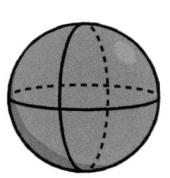

دائره نما

куля

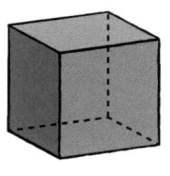

مکعب

куб

фарби

چٹا
....
білий

پیلا
....
жовтий

نارنجی
....
помаранчевий

گلابی
....
рожевий

رتا
....
червоний

جامنی
....
фіолетовий

نیلا
....
синій

برا
....
зелений

کتھئی
....
коричневий

سرمئی
....
сірий

کالا
....
чорний

زیاده / گھٹ

багато / мало

ناراض / پرسکون

лютий / мирний

خوبصورت / بدصورت

гарний / бридкий

ابتداء / اختتام

початок / кінець

وٹا / نکا

великий / малий

روشن / اندھیرا

світлий / темний

بھرا / بہن

брат / сестра

صاف / گندا

чистий / брудний

مکمل / نا مکمل

завершений /
незавершений

دن / رات

день / ніч

مردہ / انده

мертвий / живий

چوڑا / تتگ

широкий / вузький

خوردنی / ناقابل خوردنی

їстівний / неїстівний

پهیڑا / چنگا

злий / дружній

خوش / ناخوش

збуджений / нудьгуючий

موٹا / پتلا

товстий / тонкий

پہلا / آخری

спочатку / востаннє

دوست / دشمن

друг / ворог

بهریا / خالی

повний / порожній

سخت / نرم

жорсткий / м'який

بهاری / بلکا

важкий / легкий

بهوک / پیاس

голод / спрага

بیمار / صحتمند

хворий / здоровий

قانونی / غیر قانونی

незаконний / законний

ذبین / بیوقوف

розумний / дурний

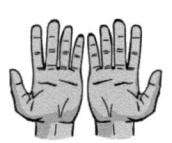

کهبا / سجا

вліво / вправо

کولے / دور

поруч / далеко

نواں / پرانا

новий / використаний

کجہ نئیں / سب کجہ

нічого / щось

بٹھا / جوان

старий / молодий

کھولنا / بند کرنا

вкл / викл

کھولنا / بند کرنا

відкрито / закрито

خاموشی / شور

тихо / гучно

امیر / غریب

багатий / бідний

درست / غلط

правильно / неправильно

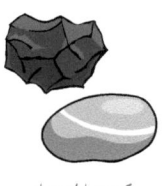

کھردرا / ہموار

шорсткий / гладкий

افسردہ / خوش

сумний / щасливий

نکا / لما

короткий / довгий

آہستہ / تیز

повільно / швидко

گیلا / خشک

вологий / сухий

گرم / ٹھنڈا

гарячий / холодний

جنگ / امن

війна / мир

0

صفر
....
нуль

1

اک
....
один

2

دو
....
два

3

تن
....
три

4

چار
....
чотири

5

پنج
....
п'ять

6

چھ
....
шість

7

ست
....
сім

8

اٹھ
....
вісім

9

نو
....
дев'ять

10

دس
....
десять

11

یاراں
....
одинадцять

12
بارہ

دوازدہ
дванадцять

13
تیرہ

سیزدہ
тринадцять

14
چودہ

چہاردہ
чотирнадцять

15
پندرہ

پانزدہ
п'ятнадцять

16
سولہ

شانزدہ
шістнадцять

17
ستارہ

ہفدہ
сімнадцять

18
اٹھارہ

ہجدہ
вісімнадцять

19
انیہ

نوزدہ
дев'ятнадцять

20
وی

بیست
двадцять

100
سو

صد
сто

1.000
ہزار

ہزار
тисяча

1.000.000
ملین

ملیون
мільйон

اعداد - числа

انگریزی

англійська

امریکی انگریزی

американська англійська

چینی مینڈیرین

китайська
високочиновницька

ہندی

хінді

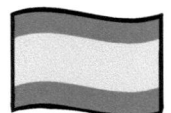

سپینش

іспанська

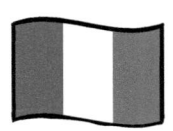

فرینچ

французька

عربی

арабська

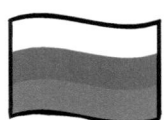

رشین

російська

پرتگالی

португальська

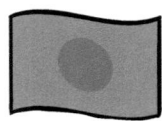

بنگالی

бенгальська

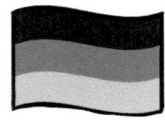

جرمن

німецька

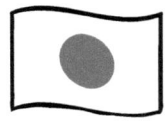

جاپانی

японська

میں

я

تُوں

ти

وہ/او/و/لیہہ

він / вона / воно

اسیں

ми

تُوں

ви

او

вони

کون؟

хто?

کی؟

що?

کیوں؟

як?

کتھے؟

де?

کدوں؟

коли?

ناں

ім'я

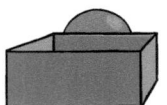

پِچّھے
....

ззаду

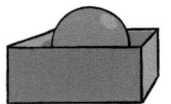

وِچ
....

в

نے سامنے
....

перед

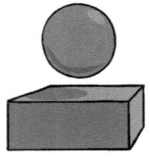

تے
....

над

تے
....

на

بیٹ
....

під

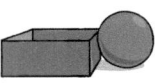

سوا
....

біля

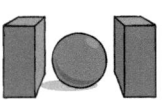

مابین
....

між

جگہ
....

місце